Habib Triaa

Essai poétique

Habib Triaa

Essai poétique

Souffrance

Éditions Muse

Imprint

Cover image: www.ingimage.com

Publisher:
Éditions Muse
is a trademark of
Dodo Books Indian Ocean Ltd., member of the OmniScriptum S.R.L Publishing group
str. A.Russo 15, of. 61, Chisinau-2068, Republic of Moldova Europe
Printed at: see last page
ISBN: 978-620-2-29998-5

Un essai poétique des années 80

Habib TRIAA

Cet essai poétique exprime une projection :

Des sentiments, des pulsions, des frustrations, des souffrances, mais aussi des refoulements et des fantasmes imaginaire d'un jeune étudiant Tunisien en France des années 80…

SOMMAIRE :

"A Nanterre" 4
"Surprise" 7
"Un point d'interrogation" 9
"Flash" 12
''Nathalie'' 14
"Droit de Réponse" 17
''Isabelle'' 19
''la petite cochonne" 22
''Je me présente'' 25
'' Singe '' 27
''Vénus'' 29
''Allo'' 31
''Mon astre brulant'' 33
'' A Nanterre'' 35
"Un point d'interrogation" 38

"A Nanterre"

"A Nanterre"

Une Résidence Universitaire,
Un bâtiment G grisard,
Des chambres et des espèces rares.
Au troisième étage, il y a du folklore.
Des Français, des Etrangers, des Tares,
qui s'amusent comme des canards.
Le jour, la nuit même très tard.
Aucun respect pour le voisin Fard.
On dirait des Etres vivants à part.
Ils écrivaient des messages stars,
Pour les glisser sous des portes dards.
A votre avis, qu'espèrent-ils avoir?
Des médailles ou de la gloire?
Ou peut-être des simples jarres.
Moi poète, j'en ai marre,
Et j'ai même le cafard,
Dans ce monde un peu bizarre,
Camarades ne soyez pas jars.
Et surtout ne pas m'en vouloir

Cessez tous scandales bâtards

Pour notre cohabitation standard./.

TRIAA HABIB,.

"Surprise"

"Surprise"

Soudain une lumière jaillit
De la taverne de papa Ali
On dirait une perle jolie
Elle m'a dits "Bonjour ami"
J'ai cru à une rêverie.
Mais non c'est réellement dit.
Fille tu es vraiment jolie
Mieux encore, polie
Avec une pensée de génie
Tu es magnifique
Tu parles avec générique
On dirait l'Amérique
C'est vraiment Fantastique
Très vite, elle a disparu
Derrière une porte vertu
A quoi sert un tel salut
Si elle me prend pour un intrus
Je crois que je suis perdu?
Ah! persévéré, c'est mon statut./.

TRIAA HABIB

"Un point d'interrogation"

"Un point d'interrogation"

Dieu a créé la beauté
Pour se refléter?
Dieu a créé la beauté
La femme l'a emportée
Dieu a créé la beauté
L'homme l'a admirée
Dieu a créé la beauté
Pour nous la donner
Dieu a créé la beauté
L'homme l'a adoré
Dieu a crée la beauté
Pour l'univers entier
Dieu a créé la beauté
L'homme l'a exploité
Dieu a créé la beauté
pour nous animer
Dieu a créé la beauté
l'homme la DEVOILER

Dieu a créé la beauté

Pour ne pas l'enterrer./.

TRIAA HABIB

"Flash"

"Flash"

Au clair de la lune.
J'ai vu une petite brune.
Elle est toute mignonne.
Elle est toute cochonne.
Oh! Mon Dieu, elle est magnifique.
Avec un regard diabolique.
Et un sourire fantastique.
Elle a une beauté satanique.
Je crois, qu'elle est raciste?
Ou peut-être fantaisiste?
En tout cas, elle n'a pas l'air triste.
Et personne ne lui résiste.
Que faire pour lui plaire
Et surtout ne pas la décevoir.
Eureka, une solution, lui écrire
Une poésie qui lui fasse plaisir./.

TRIAA HABIB

‘’Nathalie’’

‘’Nathalie’’

Je suis de Race Sémite.
Espèce d’une vilaine en rut.
Malin, fort, doué et surtout pas brute
Pour répondre à ta sit(in)
Je me contenterai de te dire petite
Tu n'es pas de mon harem, favorite
Tu n'es qu'une simple fuite
de ma mémoire satellite.
Pardon, je ne suis pas raciste
Mais plutôt fantaisiste.
Et crois-moi, rien ne me résiste
Sauf, bien entendu les mythes(1)
Ah ! il faut dire qu'il est temps
de ne plus écrire aux moutons
Mais plutôt aux cochons
Car ça me fait un désir ardent
Et pour te montrer que je suis un savant
Je peux même battre ton satan.
Ceci pour moi est évident

Parce que je suis un mutant
Fier de ma race et de ma nation
Quant à toi Nathalie Dupont
De quoi es-tu fière, de ton caleçon?
Hé non, Hé non, Hé non.
Je ne suis pas l'honorable Dalton(2)
Mais plutôt un simple étudiant
Sympa, génial et surtout brillant
Je ne me laisse pas faire par un nîchon
Et bien entendu, je réponds
A ton agressivité sadique bidon
Par une sage poésie canon
Dont tu dois comprendre le son
Et surtout ça va te servir de leçon./.

TRIAA HABIB

(T)Mythes: les complexés-ceux qui ne sont pas bien dans leur peau.

(2)Dalton: un savant, chimiste.

"Droit de Réponse"

"Droit de Réponse"

Pardon, j'ai réagi comme Baltazar
Il ne faut pas m'en vouloir
Et surtout, il faut me croire,
J'ai honte de te revoir.
A présent, tu es toute la gloire
Fidélité, intelligence et espoir.
Félicitation à qui peut t'avoir
J'espère qu'il ne va pas te décevoir
Et que vous vivrez dans un luxe Bazar
Quant à moi, je me barre,
Dans un autre monde bizarre
Pour oublier mon désespoir.
Mais, je garde en ma mémoire
Ta poésie qui mérite un César.
Après tout, je ne suis pas un barbare,
Je te salue cher petit canard./.,

TRIAA HABIB

‘’Isabelle’’

‘’Isabelle’’

Je t'ai vu une fois,
Tu étais bien chez toi,
L'air souriant et courtois.
Tu m'as parlé d'une voix,
Douce et pleine de joie,
De la vie et de soi.
Je t'ai bien regardée
Et puis, je t'ai admiré
Enfin, je t'ai parlé,
De moi et de mes ainés.
Après on a causé,
Cadeaux et amitié.
Sur ce on s'est quitté
Pour jamais se rencontrer
Mais moi, j'ai toujours espéré
Une rencontre spontanée.
Mon souhait s'est réalisé
Et j'ai encore tremblé.
Très vite, on s'est séparé
Et mes rêves se sont évaporés.

Un instant, je me suis évadé,
Dans l'abîme de mes pensées
Et puis, j'ai décidé,
De t'écrire une lettre ponctuée.
Pour te dire mon bien aimé;
J'ai toujours pensé,
À notre amour éloigné.
Et pour ne pas t'oublier
Je continue à imaginer
Ton image de Reine doués. /.

TRIAA HABIB.

‘’la petite cochonne”

‘’la petite cochonne”

La petite cochonne vient voir,
Le docteur loup, pour savoir,
S'il peut lui donner un suppositoire,
Pour guérir sa maladie noire.
L'animal pensif et rusé, après avoir
Examiné la malade star,
Lui conseillât de faire la magie noire.
Le psycho diagnostic nous a révélé,
Que ce mammifère souffrait,
D'un problème complexe de virginité.
Le docteur loup, pour la soigner,
A essayé de la faire parler,
De sa vie, de son temps, et de son passé,
Top secret, à ne pas raconter.
Le symptôme de la maladie est localisé.
Le docteur loup lui a suggéré,
D'aller voir et surtout de contacter
Un chameau Arabe bien baraqué,

Pour l'aider à résoudre et à surmonter

Sa difficulté de femelle complexée.

Et ça peut lui donner une pluralité d'idées./.

TRIAA HABIB.

''Je me présente''

‘’Je me présente’’

Je m’appelle, enfin, humain,
Beau, droit, juste et serin
Je me méfis des crétins,
Qui sont stupides et radins.
Ils ne dérangent que les ‘’ ZinZins’’,
Ou, pris encore, les pingions,
Moi, de ma vie, je suis sain,
Je me nourris que des raisins,
Muris, sucrés, juteux et châtains.
Mais toi, qui es-tu …, Pantin
Que veux-tu …, un jasmin
Ou peut-être, un jardin
Plein de fruits marins…
Ceci, est impossible voisin,
Ce n’est qu’un rêve mesquin./.

TRIAA HABIB.

‘’ Singe ‘’

‘’ Singe ‘’

Tu resteras toujours un singe.
Tu danses, tu ris et tu déranges.
Quant à ta pensée, c'est une grange,
Constamment, elle te démange.
Tu trahis tes chers amis,
Pour qu'on dise de toi un génie.
Tu te trompes, Musselini,
Avait fait la même connerie.
Il a guidé tout un pays
Vers un massacre gratuit
Pour qu'on dise de lui
Un homme plein de fantaisie.
Mais toi, tu es petit
Tu ne déranges que les fruits
Et encore ce n'est pas tout dit:
Tu n'es qu'un traître et un bandit./.

TRIAA HABIB

‘’Vénus’’

‘’Vénus’’

Je regarde son immense univers.
Et j’observe son système solaire
Le jour, le ciel de sa pensé est clair.
La nuit, l’Etoile de son âme est polaire
Oh ! Dieu du ciel, que faire,
Pour connaitre son petit cœur ?
J’aime tant lui plaire.
Hélas, elle me prend pour un rêveur,
Ou pis encore, un habile acteur.
Mais moi, de ma vie, je suis sincère.
Et de l’amour, guère menteur.
Vénus, beauté de tonnerre
Si tu écoutes mon cœur,
Qui chante pour toi ma chère
Répond lui, pitié seigneur ./.

TRIAA HABIB.

''Allo''

‘’Allo’’

Vénus, je suis tunisien,
Mais aussi, un citoyen terrien.
J’avoue que je ne suis pas malin,
Comme la plus part des Martiens.
De toute façon, ça fait rien,
Puisque je vois ta lumière de loin,
Ton cœur, en amour est mesquin.
Pis encore, ton longage est radin
Moi, habib, le maghrébin,
Je suis un excellent marin.
Je continue à la nage mon chemin.
Et j’oublie Nanterre et le baratin.
Heureux de tous, l’américain
Qui est, de la terre, un sur humain
Il a recueilli saveur et jasmin
De ton immense espace lointain./.

TRIAA HABIB.

''Mon astre brulant''

‘’Mon astre brulant’’

De mon tapis magique volant,
J’observe l’espace et le temps.
Soudain, j’aillait un corps éblouissant,
Avec un visage agréable et souriant,
Des yeux bleus, clairs et mignons
On dirait, sans doute, l’océan.
Des cheveux d’or, court et luisant
D’une bouche bien faite, on voit des dents,
Mieux encore, des perles ou des diamants.
De mon tapis magique Person,
On a parlé amour et religion,
Mais aussi du passe et du présent,
On était vraiment content.
Dieu du ciel, cet astre est rayonnant,
Je dirais même qu’il est troublant.
Son charme est extrêmement ardent,
Mon cœur n’est guère indifférent,
Devant cette beauté, voyant./.

TRIAA HABIB.

'' A Nanterre''

‘’A Nanterre’’

Une Résidence Universitaire,
Un bâtiment G grisard,
Des chambres et des espèces rares.
Au troisième étage, il y a du folklore.
Des Français, des Etrangers, des Tares,
qui s'amusent comme des canards.
Le jour, la nuit même très tard.
Aucun respect pour le voisin Fard.
On dirait des Etres vivants à part.
Ils écrivaient des messages stars,
Pour les glisser sous des portes dards.
A votre avis, qu'espèrent-ils avoir?
Des médailles ou de la gloire?
Ou peut-être des simples jarres.
Moi poète, j'en ai marre,
Et j'ai même le cafard,
Dans ce monde un peu bizarre,
Camarades ne soyez pas jars.
Et surtout ne pas m'en vouloir
Cessez tous scandales bâtards
Pour notre cohabitation standard./.

TRIAA HABIB,.

"Un point d'interrogation"

"Un point d'interrogation"

Dieu a créé la beauté
Pour se refléter?
Dieu a créé la beauté
La femme l'a emportée
Dieu a créé la beauté
L'homme l'a admirée
Dieu a créé la beauté
Pour nous la donner
Dieu a créé la beauté
L'homme l'a adoré
Dieu a crée la beauté
Pour l'univers entier
Dieu a créé la beauté
L'homme l'a exploité
Dieu a créé la beauté
pour nous animer
Dieu a créé la beauté
l'homme la DEVOILER
Dieu a créé la beauté

Pour ne pas l'enterrer./.

TRIAA HABIB

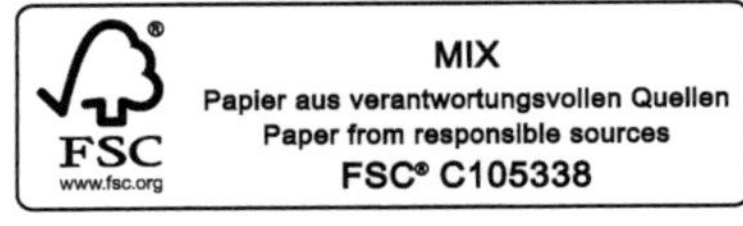

Printed by Books on Demand GmbH, Norderstedt / Germany